中学時代にガンバれる40の言葉

中谷彰宏
Akihiro Nakatani

心の友だち
PHP

01

まえがき

壁《かべ》を突破《とっぱ》するのは、言葉だ。

僕《ぼく》は標語が好きです。
僕の本は、すべて標語のようなものです。
広告代理店では、それを「コピー」と言います。
壁に貼《は》るのも好きです。
僕にとって、壁は宝物のコーナーです。
ポスターや標語など、好きなモノが貼れるのです。
「壁」には「限界」という意味もあります。

壁に貼りたい言葉

01

好きな言葉を、壁に貼ろう。

これは面白《おもしろ》いです。

「壁」は限界を意味しながら、一方で、未来への夢を掲《かか》げる場所にもなっているのです。

目の前に限界を突《つ》きつけられているところが、実は未来への夢のポスター、夢の標語の貼り場所になっています。

壁を突破するのは、「言葉」です。

壁を突破したければ、壁におまじないの札を貼ってしまうことです。

それが「言葉」という呪文《じゅもん》になるのです。

壁は
力ではなく、
言葉で乗り越えろ。

中谷彰宏

壁《かべ》は、力では壊《こわ》れません。
壁は、言葉で突破《とっぱ》できます。
壁を破る魔法《まほう》の言葉を、「壁言（カベコト）」と言います。
壁に「カベコト」を貼《は》ることで、壁を破ることができます。
壁の向こうで、見たことがない新しい自分に出会えます。

中学時代にガンバれる40の言葉

もくじ

第1章

どうせ泣くなら、好きなことで泣こう。

02

できた感動は、
最初から
できたら
味わえない。

020

03

いいかげんな
成功より、
本気の失敗が
カッコいい。

022

04

終わりに
見えた
ところが、
始まりだ。

024

05

成功率100%
だったら、凡《ぼん》才《さい》。
成功率30%
だったら、天才。

027

06

どうせ泣くなら、
好きなことで
泣く。

029

第2章

むずかしいのは、面白い。まちがったら、面白い。

09

むずかしいのは、
面白《おもしろ》い。
まちがったら、
面白い。

037

10

病気になったら、
こう言おう。
「驚《きょう》異《い》の
回復力」。

040

11

一流選手は、
ケガを
キッカケに
強くなる。

042

12

「言いわけだ」
と宣言して
言いわけを
する。

045

第3章

実際の体験をしよう。

13
目的よりも、
好奇心《こうきしん》優先。
048

14
3日坊主《ぼうず》
ではない。
3日継続《けいぞく》だ。
050

15
実際の体験が
多い人が、
モテモテに
なる。
053

第4章 努力より、工夫をしよう。

第5章

君のガンバリを見てくれている人がいる。

32 勉強すると、時間が増える。 098

33 トイレットペーパーを交換《こうかん》する人に、神様は味方する。 100

34

靴《くつ》のカカトを踏《ふ》まないことで、スポーツ万《ばん》能《のう》になれる。

103

35

審《しん》判《ぱん》に文句を言わない選手に、ファンは感動する。

106

36

「能力＋信じる力」で、決まる。

110

37

強い相手と戦うことで、強くなる。

113

●装　幀――こやまたかこ
●イラスト――宮尾和孝
●本文デザイン―本澤博子

第1章

どうせ泣くなら、好きなことで泣こう。

02

できた感動は、最初からできたら味わえない。

勉強でも習いごとでも、できないことはたくさんあります。
できないことは、すばらしいことです。
最初からいろいろできてしまう人は、できた感動が味わえません。
できなかったことができた時の感動が大きいのです。
もっとそれをしたくなります。
最初から器用な人は一流選手にはなれません。
一流選手になる人は不器用な人が多いのです。

壁に貼りたい言葉

02

できなかったことが、できた喜びを味わおう。

最初できなかったことが、ある日突然《とつぜん》できるようになります。

30点だった人が40点になった時の感動が大きいのです。

50点になると、「半分超《こ》えた」と感動します。

やがては２００点、３００点と取れるようになるのです。

最初から１００点の人はそれが当たり前なので、あまり感動がありません。

１００点で感動を得られない人は、１００点を超えられません。

50点で感動している人の感動もわかりません。

50点で感動している人は、60点でも70点でも、そのつど感動できます。

感動の大きさが次のヤル気になって、どんどん深まっていけるのです。

03

いいかげんな成功より、本気の失敗がカッコいい。

誰《だれ》もが成功したがるのは、「成功はカッコいい」と思っているからです。

成功には「カッコいい成功」と「カッコ悪い成功」とがあります。

カッコいい成功は、本気でやった成功です。

カッコ悪い成功は、いいかげんにやった成功です。

失敗にも、「カッコいい失敗」と「カッコ悪い失敗」とがあります。

カッコいい失敗は、本気でやった失敗です。

カッコ悪い失敗は、いいかげんにやった失敗です。

壁に貼りたい言葉

03

本気の失敗を、しよう。

カッコいいかどうかは、本気かどうかで分かれます。

本気でやること自体、すでに「カッコいい」コースに入っています。

取り組み方が本気であれば、もはや結果とは関係なくカッコいいのです。

いいかげんにやっていたら、たとえ成功でもカッコ悪いです。

そこで勝負は決まっています。

「本気の成功」と「本気の失敗」とでは、「本気の失敗」のほうがカッコいいのです。

より大きなこと、より強い相手にトライしているからです。

04

終わりに見えたところが、始まりだ。

何かに失敗すると、「もう終わった」と感じる人がいます。
たとえば、テストの1科目めでしくじると、「もう終わったよ」と感じるのです。
一方、**「ここからが勝負だ」と感じる人**もいます。
こういう人が**サバイバルできる人**です。
たいていの勝負は、「終わった」と思うところでは終わってはいません。
「終わった」と思ってあきらめて、負けていくのです。

「終わった」と思うところが始まりです。

テストの成績が悪くても、あきらめることはありません。

ひょっとしたら、問題がむずかしくて、みんなができていない可能性もあります。

ここであきらめたら、もったいないのです。

たとえ、みんなができて、自分だけできていなかったとしても、それで終わりではありません。

それはそれで気持ちを切りかえて、次を考えます。

どんなに最後まで行ったと思っても、終わりはないのです。

ゲームの終わりは人生の終わりではありません。

人生はずっと続いていきます。

あきらめない負け方をしているか、あきらめた負け方をしているかで次は変わってきます。あきらめないで、次の勝負に入っていきます。

今回のラストは次の始まりです。

終わりは常に始まりです。

終わりを決めるのは、審判《しんぱん》でも時間でもありません。

自分自身です。

「終わった」と思ったら、「さあ、これからだ」とひとり言を言いながら、前へ進んでいけばいいのです。

壁に貼りたい言葉

04

「終わった」と思ったら、「さあ、これからだ」と笑おう。

05

成功率100％だったら、凡才《ぼんさい》。成功率30％だったら、天才。

成功率を100％にする必要は、まったくありません。

10勝ゼロ敗とか、つい成功率を100％にしようとします。

成功率100％にする方法は簡単です。

できることしかやらずに、むずかしいことはパスします。

または、何もしない、あるいは、1回成功したら、あとは何もやらなければいいのです。これで成功率は100％です。

成功率100％の人は凡才です。

壁に貼りたい言葉

05

成功率30％のことに、トライしよう。

天才は成功率30％です。

成功率だけを比べると、凡才のほうがすぐれています。

成功率30％の人は70％の失敗ができる人です。

失敗率ゼロ％の人は凡才です。

失敗率70％の人は天才なのです。

失敗率ゼロ％は、まったく自慢《じまん》にはなりません。

失敗率が高い人ほど、高い目標に挑戦《ちょうせん》しています。

そのほうがカッコいいのです。

06

どうせ泣くなら、好きなことで泣く。

僕《ぼく》は子どもの時から、「男の子だから泣いちゃいけない」と、母親からずっと言われていました。

何度やっても、できないことはあります。

悔《くや》しくて、涙《なみだ》が出てきます。

大人になっても、いまだに「なんでこんなことができないんだろう」と、涙が出ます。

その時は、泣いてもいいのです。

壁に貼りたい言葉

06

好きなことで、泣こう。

ただし、好きなことで努力して泣くことです。
嫌《きら》いなことを「イヤだ、イヤだ」と言って泣くのは、みっともないのです。
スポーツ選手は、好きなことでガンバって泣いています。
これはカッコいいです。
泣いているからカッコ悪いのではありません。
嫌いなことで泣いているから、カッコ悪いのです。

涙は好きなことで流すものです。

スポーツでも、勉強でも、人間でも、好きなことで涙を流すことは、カッコいいのです。

第2章

むずかしいのは、面白い。まちがったら、面白い。

07

人生は、回転ずし。前を見る。

人生は回転ずしと同じです。
回転ずしを食べに行くと、カウンターで必ず川上を見ています。
川下を見ている人はいません。
自分の食べたいものが取られないか、ハラハラしながら川上の人を見ます。
クヨクヨする人は、川下を見て「あっ、あれを取ればよかった」と思います。
川下を見ていると、常に遅《おく》れていきます。これが人生です。
ほとんどの人は川上を見ているので、顔が合ってびっくりされます。

時々、川下の人とぶつかる人もいます。

迷ったあげく、「あっ、やっぱり……」と、川下に取りにいくのです。

それでは川上からいいものが流れてきても気づけません。

常に後手後手にまわります。人生においても、「昨日、あれをすればよかった」ということばかり言っているのです。

川上をずっとさかのぼっていくと、おすしを握《にぎ》っているおじさんにたどり着きます。ルール的には、どこから取ってもいいのです。

人生でクヨクヨしている人は、回転ずしで流れていったお皿をずっと見ている人と同じです。

壁に貼りたい言葉

07

昨日のことより、明日のことを考えよう。

08

考える前に「できる」と言ってしまう。

できるかどうか自信がないことを「やってみないか」と言われました。

この時、どうやって自信を持てるようになるかです。

できるようになるまで練習するのも、もちろんありです。

練習する時間がない時は、できるかどうかを考える前に「できる」と言ってしまいます。

できるようにするにはどうしたらいいかは、あとで考えればいいのです。

まず、言ってしまうことです。

できるかどうかを考えていると、できなくなるのです。

目標を達成できない人は、できるメドが立ってから「できる」と言います。

または、不言実行で、できたあとで「できました」と言おうとします。

できなくても、まず「できる」と言うことが、できるようになる第一歩です。

「できますか」と聞かれるチャンスが来た時に、ノータイムで「できる」と言う人がチャンスをつかめるし、実際にできるようになります。

できるのに自信を持って「できる」と言えない人は、永遠にできなくなるのです。

「英語はできますか」と聞かれたら、「ア・リトル」ではなく「イエス・アイ・キャン」と言います。

「ギター弾《ひ》ける?」「イエス・アイ・キャン」。

「歌、歌える?」「イエス・アイ・キャン」。

壁に貼りたい言葉

08

「できます」と言い切ろう。

「踊《おど》り、踊れる?」「イエス・アイ・キャン」。

なんでも「イエス・アイ・キャン」です。

「ア・リトル」と言った時点で、自分の言葉が限界をつくっています。

この質問は「今」を聞いているのではありません。

まじめな人は「今」のことだと思っています。そうではありません。

「できる」というのは、「未来はできるだろう」という意味です。

常に未来形です。未来の自分を語ればいいのです。

今できないのは、過去の延長線上だからです。「今」は過去にすぎません。

今はできなくても、未来はできるようになるのです。

09

むずかしいのは、面白《おもしろ》い。まちがったら、面白い。

むずかしい問題にぶつかった時に言うおまじないは「面白い」です。勉強でむずかしいところに当たった時にも、「面白い」です。

「できた」とか「わかった」である必要はありません。

「できたの?」と聞かれたら、できていなくても、堂々と「面白い」と言えばいいのです。そうすると、何かできそうな気がしてきます。

むずかしい問題に「むずかしい」と言うと、ますます解けなくなります。

解ける前に、「面白い」「よくできているね」「なかなかひねった問題を出しているね」と、問題をほめてしまえばいいのです。

テストでまちがった時も、「しまった」ではなく、「面白い」と言います。

勝負ごとに負けた時も、「面白い」です。

ここで、「残念」「悔《くや》しい」「ダメだ」と言うと、負けを認めたことになります。「面白い」と言った時点で、状況的《じょうきょうてき》には負けていても、勝っていることがあるのです。

算数の好きな子、クイズの好きな子は、むずかしい問題に当たると「面白い」と言います。

「解けたから面白い」とか「できたから面白い」のではありません。「できないから面白い」と感じられるようになると、そのことが楽しくなってきます。

大切なのは、解けるようになることではなく、楽しくなることです。

壁に貼りたい言葉

09

むずかしいことを、楽しもう。

問題が解ける人より、勉強の仕方を知っている人がすごい。

勉強の仕方を知っている人より勉強の楽しみ方を知っている人のほうが、もっとすごいのです。答えはどうでもいいのです。

答えにたどり着くプロセスが何通りもあることのほうが大切です。

ビートたけしさんは、学生時代、数学の問題集の裏に「最も美しく答えにたどり着く方法」と書いて、貼《は》っていたそうです。

いつでも「もっと美しい解き方はないか」と考えていたそうです。

解けることよりも、みんなと違《ちが》う自分なりの解き方を見つけるのが楽しいのです。

10

病気になったら、こう言おう。「驚異《きょうい》の回復力」。

病気になった時の僕《ぼく》の口グセは、「驚異の回復力」です。

病院に行った瞬間《しゅんかん》に、「驚異の回復力」という見出しができています。

医師に「驚異の回復力」と言われる方向に向かって診察《しんさつ》を受けているのです。

映画の主人公は、必ず病気になったりケガをしたりします。

その時の医師の決まり文句として、「驚異の回復力だ」というセリフがあります。

ここで「どれぐらいで治りますか」とか「治るよね」と確認《かくにん》するのではな

く、患者《かんじゃ》自身が「驚異の回復力」と言えばいいのです。

病気やケガをした時は、このセリフが使えるチャンスです。

スポーツ選手がケガをして、試合に間に合うかどうかという時に、**「驚異の回復力」と言うことで「大丈夫《だいじょうぶ》だ」と思える**のです。

泣いたり、へこんだりしている時にも、ケガや病気の時と同じように、自分で「驚異の回復力」と言ってしまいます。

人からほめられる言葉を、自分をほめるのに使うのです。

まだ起こっていないことを、起こったかのように言います。

未来の新聞の見出しを、自分で書いていくのです。

壁に貼りたい言葉 10

病気やケガに、感謝しよう。

11

一流選手は、ケガをキッカケに強くなる。

一流のスポーツ選手ほど、大切な試合の前にケガをします。

リハビリに何カ月もかかるという試練を受けます。

一流選手に共通しているのは、ケガをしたあとに、ケガをする前より強くなることです。

ケガを乗り越《こ》えてきた人が一流選手になるのです。

ケガに出会える人が一流選手です。

ケガをする人は運がいい人です。

驚異の回復力でケガが治った時に、一流選手は「ケガに感謝している」「ケガのおかげで、以前とは違う新しいやり方を思いついた」とコメントします。

バイクのフリースタイルの世界選手権がありました。

バイクで宙返りとかをするのです。

日本人の選手もいます。

ある選手が、試合前の練習中に両腕《りょううで》を骨折しました。

もちろん試合には出られません。

その選手は、次の試合でやる技《わざ》のことをベッドの上で考えていました。

普通《ふつう》なら、怖《こわ》くてできなくなります。

完全にギプスをはめられた状態で、「次はこんな技をやろう」と考えているのです。

しかも、ケガをしないようにする作戦を考えているのではありません。

「もっとこうしたら危ない技ができる」ということを考えているのです。
標語は、今の状態に対してではなく、未来の自分をここに連れてくる言葉です。

意識は常に未来に行っています。

標語のよさは、そこにあるのです。

標語には否定的な表現を使わないようにします。

肯定的《こうていてき》な表現にすることで、未来につながります。

「失敗しないように」ではなく、「成功！」と書いたほうがいいのです。

壁に貼りたい言葉

11

ケガをキッカケに、前より強くなろう。

12

「言いわけだ」と宣言して言いわけをする。

言いわけしている人に限って、「言いわけじゃない」と言います。

「言いわけに聞こえるかもしれないけど」「これは言いわけじゃないです」「言いわけみたいですけど」と、グズグズ言っています。

つい言いわけをしてしまったら、「これは言いわけだ」と偉《えら》そうに宣言すればいいのです。

「言いわけだ」と言えたら、カッコいいです。

「言いわけじゃない」と言うから、カッコ悪いのです。

壁に貼りたい言葉

12

1分だけ、言いわけしよう。

言いわけしている人は、自分では言いわけしているつもりはありません。

クドクド言いわけしてしまったら、自分で「言いわけが多い」と宣言すればイニシアチブがとれます。

泣いている子のカッコ悪さは、「泣いてない」と言うところにあります。

「あっ、泣いた」と言われた時に、「泣いてないもん」と言うところがカッコ悪いのです。「泣くよ」と言えば、カッコいいです。

相手に言われることを、先に自分で言い切ってしまいます。

自分で自分を認めればいいのです。

第3章

実際の体験をしよう。

13

目的よりも、好奇心《こうきしん》優先。

「なかなか興味が続かないんです」と言う人がいます。

興味が続かない原因は簡単です。

目的意識でやっているからです。

「目的意識を持て」というのは、親にも先生にもよく言われます。

僕《ぼく》の父は、僕が先生や母から言われたことと逆のことを言っていました。

「先生もお母さんも目的を持てと言うんだけど」と言うと、父は「聞き流せ。そこそこにしておけよ」と言うのです。

目的は、もちろん大切です。でも、そこそこでいいのです。

大切なのは好奇心です。

目的意識でやると、行動がすべて「しなければならない」ということになります。

好奇心でやると、「したいからする」になります。

目的意識は直線で動きます。

好奇心優先では曲がりくねった道になります。

子どもの下校時のように、興味が湧《わ》いたところをウロウロします。

このほうが人生は圧倒的《あっとうてき》に楽しいのです。

壁に貼りたい言葉

13

「しなければならないこと」より、「したいこと」をしよう。

14

3日坊主《ぼうず》ではない。3日継続《けいぞく》だ。

3日坊主だからといって、自分で自分を責める必要はまったくありません。
何をやっても続かない時に、つい「また3日坊主だ」と考えがちです。
「3日坊主」ではなく、「3日継続」です。
2日続いたら、「続いた」と言っていいのです。
1日で終わったら、「続いた」とは言えません。
3日坊主は3日も続いているのです。これはすごいことです。
「3日坊主」をたくさんすればいいのです。

一流のスポーツ選手は、子どものころにいろいろな習いごとをしています。

フィギュアスケートの選手は、3歳《さい》ぐらいからフィギュアを始めます。

フィギュアだけではなく、いろいろな習いごとをしていた人がフィギュア選手として大成します。

時間としては、もったいないです。

ほかの習いごとや3日坊主をしている時間をすべてフィギュアにまわせば、もっと強くなっていた可能性があります。

それでも、フィギュアしかしていない人は大成しないのです。

これはフィギュアに限りません。ゴルフも同じです。

一流の選手は、小さい時からゴルフだけしているイメージがありますが、ほかの習いごともたくさんしています。

サッカー選手も、ジュニアからサッカーばかりしているイメージですが、お

壁に貼りたい言葉 14

しないくらいなら、3日坊主をしよう。

勉強系の習いごともたくさんしているのです。

いろいろな習いごとを、3日坊主でもいいから体験しておくことが大切です。

3日坊主がたくさんある中で、やがて3日が4日になり、5日になり、1週間になり、10日になり、1カ月になり、10年、20年続くものに出会うのです。

ガマンして続ける必要はまったくありません。

本来、もっとほかのことができるのです。

3日坊主で終わる人は、好奇心を優先した人生を選んでいます。

これはすばらしいことです。

興味のないことは続けなくていいのです。

15

実際の体験が多い人が、モテモテになる。

体験が多いほど、大人になって、お金持ちになり、モテモテになります。

これを「体験格差」と言います。

今は「塾《じゅく》があるから」という言いわけで、体験から逃《に》げられます。

親は、子どもが将来いい大学に入れるように、食べていけるようにするために塾に行かせています。

それが体験する時間を減らしています。

塾が毎日あると、体験はなかなかできません。

壁に貼りたい言葉

15

実際の体験をしよう。

唯一《ゆいいつ》、帰ってきてパソコンでゲームをして終わりです。

それは本当の体験ではありません。

10代の時期の体験が特に大切です。

子どもを**将来お金持ちでモテモテにさせたければ、体験する時間を奪《うば》わない**ようにしてほしいです。

今は体験型の塾が増えてきています。

塾自身も体験の大切さに気づいたのです。

受験のための塾ではなく、子どもたちにいろいろな体験をさせています。

16

誰《だれ》よりも失敗の多い人が、ヒーローになる。

成功の多い人がヒーローになるのではありません。

失敗の多い人がヒーローになるのです。

失敗が多いということは、体験数が多いのです。

ある研究者が、大人になってお金持ちになった人、モテモテの人の子ども時代の共通点を調べました。

その結果、共通点は体験数が多いということでした。

体験は、いい体験ばかりとは限りません。

ケンカも体験です。

子どもの時のケンカは、情けないケンカが多いのです。

つかみ合いをしても、アクション物のようなカッコよさはありません。

僕自身の例でも、2歳下の妹とアンパンとメロンパンの取り合いでケンカになりました。

これも体験です。

体験というと、山へ行ったり海へ行ったりというイメージがあります。

きょうだいゲンカも大切な生活体験です。

その体験がうまくいったかどうかは関係ありません。

単純に回数の問題です。

ケンカして仲直りすることで、2回の体験になります。

最初から仲がよくてケンカしない人は、仲直りの体験もゼロ回です。

壁に貼りたい言葉 16

失敗の数1位になろう。

子どもの時に仲直りの体験がない人は、ケンカをしていないのです。

山へ行ったり、海へ行ったりすることは自然体験です。

近所の自然体験では、ザリガニを捕《と》りに行って、池にはまります。

長靴《ながぐつ》よりも深いところにはまるので、長靴の中がビショビショです。

家に帰ると、母親に叱《しか》られます。

ここで「ザリガニを捕る」「池にはまる」「母親に叱られる」という3つの体験ができます。

1個体験することで、いくつもの体験ができるのです。

17

制約がある中で、好きなことを楽しむ。

塾で忙《いそが》しいと、なかなか好きなことができません。

そんな中で時間をやりくりするのも体験です。

大人になったら、もっと忙しいのです。忙しいのは、みんな同じです。

それでも、**したいことが「できる人」と「できない人」とがいる**のです。

忙しい中でやりくりするほうが、より集中できます。

ヒマでしていることより、忙しい毎日のスキ間時間でしていることのほうが、もっと集中できて、結果としてもっと面白《おもしろ》いのです。

親から勧《すす》められてすることは、あまり楽しくありません。

隠《かく》れてすること、反対されてもすること、親の目を盗《ぬす》んですること、スキ間時間ですることが、同じことをしていても、もっと楽しくなるのです。

「本をもっと読みなさい」と言われて読む本よりも、「本なんか読んじゃダメ」と言われる中で読むほうが面白く読めます。試験が終わってから読むよりも、試験の前に読むほうが集中して読めてしまいます。

試験によって制約が与《あた》えられ、それによって、時間に価値が生まれます。

「ムダ」と言われても**自分の好きなことをすると、自分自身の覚悟《かくご》が生まれます。**

壁に貼りたい言葉

17

好きなことは、忙しい時にしよう。

18

習いごとが、いつか役に立つ。

いい学校のある地域に引っ越《こ》す人は多いです。
それよりは、**習いごとの盛んな地域に引っ越すほうがいい**のです。
習いごとと言っても、塾以外の習いごとです。
塾が盛んな地域は全国にあります。
いい学校のある教育県もたくさんあります。
大切なのは、地域の特性です。
地域の特性として、大阪《おおさか》は習いごとが盛んです。

そろばん塾とスイミングスクールは、９割の子どもが行っています。

９割はすごいです。まるで学校です。

そろばん塾に行っていない僕は、小学校のそろばんの授業で、いつも居残りでした。

クラスの９割が先生よりできるのです。

そろばん塾とスイミングスクール以外では、人数的には書道、教室としては絵画教室が多かったです。

女の子は、みんなピアノを習っていました。

堺《さかい》は千利休《せんのりきゅう》の町なので、中学校でお茶の授業があるのです。

壁に貼りたい言葉

18

役に立たない習いごとをしよう。

19

歩数が多い人ほど、モテモテで、勉強もできる。

年をとると、1日1万歩歩くように言われます。

今、君たちの歩数が圧倒的に減っています。大人よりも大問題です。君たちは常に走っていて、しかもランダムに動きます。座《すわ》って授業を受けているにもかかわらず、学校に1日いるだけで歩数はかなりのものです。なのに、君たちの歩数が減っているのです。

今は、君たちの歩数の目標は1万5000歩です。昔の子どもは、学校の行き帰りも含《ふく》めて、1日2万7000歩ぐらい歩いていました。

「めんどくさい」と思った時点で歩数は減ります。体験量は歩数に比例します。
学校から家まで直線で行くと、最少の歩数ですみます。
少し寄り道するだけで、歩数は圧倒的に増えます。
そこには新しい体験が生まれます。
いつもと違《ちが》う道に入って遠まわりになるのも体験です。
友達の家に寄るのも体験です。
しかも、「近く」と言ったのに、すごく遠いのです。
自転車で行くと、タイヤがパンクします。
あとは押《お》して帰ってくることになります。
都会よりも地方のほうが歩数は少ないのです。
都会は電車で移動します。
クルマをとめるところがないのです。

道が混《こ》んでいるので、時間もかかります。
地方は電車が少ないので、移動はクルマです。
とめるところもたくさんあります。
地方には階段があまりありません。
地方から東京に来た人は、階段だらけでびっくりします。
「なんで階段がこんなに多いの」と、ヘトヘトになっています。
渋谷《しぶや》駅は地下5階の副都心線から地上3階の銀座線まで8階分もあります。
下北沢《しもきたざわ》の駅も改良の途中《とちゅう》なので、今は上り下りで大変なことになっています。
歩くことが体験量になるのです。

壁に貼りたい言葉

19

歩数1位になろう。

20

寄り道をすると、ワクワクに出会える。

立って歩き始めた瞬間《しゅんかん》に、人類の歴史が誕生しました。
行動半径は圧倒的に広がりました。
それは、人類が歩き始めたからです。
今は家の中で世界中を見ることができます。
うかうかしていると、家で寝転《ねころ》がっていて一日が終わります。
昔は、友達の家に行くのも大変でした。
今のように、事前にケータイでアポをとれるわけではありません。

いるかどうかわからないのに訪ねるのです。

外で「遊びましょ」と呼びかけると、友達の親に「今出かけていて、まだ帰ってきていない」と言われ、ガッカリして帰ってきます。

行って帰るだけでも、けっこうな歩数です。

昔の生活は、旅行などしなくても歩数が多いのです。

犬の散歩は、犬が引っ張るので、歩数が多くなります。

何かに引っ張られて、自分でコースを決められない時に、ワンパターンから抜《ぬ》け出せます。


ワンパターンの生活から抜け出すことが大切なのです。

壁に貼りたい言葉

20

寄り道を、しよう。

21

ジェットコースターの最前列は怖《こわ》くない。

ジェットコースターで一番楽しめる席は、最前列です。

一番うしろは、ただ怖いだけです。

最前列は自分の進む方向が見えます。

「今度は右に曲がる」「左に曲がる」「落下する」「上に上がる」ということがわかります。未来が見えているのです。

怖いからと言ってうしろに行くと、次に何が起こるかわかりません。

ジェットコースターで一番怖いのは、第1落下です。

カタカタカタカタと上まで上がります。

そのあとは自動落下で、重力の重さで動いているだけです。

第1落下点は一番高いところにあります。

そこから落下する時は、最前列はまだ加速度がついていないので、緩《ゆる》やかに落ちていきます。

人に前を譲《ゆず》ってうしろに行った人は、マックスのスピードで出ていくことになるのです。

ジェットコースターは、どこも同じスピードのように思えます。

加速度と遠心力がついているので、うしろのほうがスピードが速いのです。

怖がりの人は、怖くなると首をすくめます。

そうすると、重心をとられて、体がよけい振《ふ》られます。

前の人は景色が見えるので、景色を見るために首が上に伸《の》びて重心をとられなくなります。

うしろの人ほど大きな重力がかかって、振り飛ばされそうになるのです。

前にいる人はバンザイをしています。

「よくあんな高いところでバンザイができるな」と思います。

苦手な人は、大体終点に着いてからバンザイをします。

ジェットコースターでは写真を撮《と》るところがあります。

ジェットコースターが苦手な人は、バーをギュッと握《にぎ》りしめて、顔は横を向いて、肩《かた》をすくめています。

あれが一番重心をとられる姿勢です。

バンザイをすると、姿勢がよくなります。

重心をとられなくて、怖くなくなるのです。

怖くないから、バンザイをしているのではありません。

壁に貼りたい言葉

21

苦手なものほど、近づこう。

バンザイをしているから、怖くないのです。

これはジェットコースターに限りません。

日常生活の中でも、怖くなってきたらバンザイをすればいいのです。

お化け屋敷《やしき》は、目を閉じるから怖いのです。

一瞬《いっしゅん》見えたものが、すごく怖いお化けに見えます。

きちんと見ると、意外に怖くないのです。

うずくまって目をつぶるから、自分の中のイマジネーションで怖いお化けをつくり上げてしまうのです。

第4章

努力より、工夫をしよう。

22

誰《だれ》かを守ろうとしたら、君はもう大人だ。

中学生の中には、大人の中学生もいれば、子どもの中学生もいます。
誰かを守ろうとするのが、大人です。
自分を守ろうとするのが、子どもです。
これは他人が決めることではありません。
結果として、自分自身が決めることです。
年齢《ねんれい》は、いっさい関係ありません。
「何歳《さい》から大人」ということではなく、自分の意識で決められるのです。

壁に貼りたい言葉

22

自分より、仲間を守ろう。

今この瞬間《しゅんかん》に大人になろうと思ったら、大人になることができます。

人生のどこかで、自分を守るか、誰かを守るかの決断を迫《せま》られる時があります。

その時にどちらかを選ぶのです。

一度でも誰かを守ろうとしたら、その時から、君は大人です。

もう自分を守ろうとしなくなります。

1回大人になって、また子どもに戻《もど》ることはありません。

一度誰かを守る体験をした人は、誰かを守ることのすばらしさに気づきます。

いつも自分を守っている人は、誰かを守ろうとすることのすばらしさを、まだ味わえていないのです。

23

夢を目指している人は、実現した人よりカッコいい。

夢を実現している人は、一見、カッコいいです。

本当にカッコいいのは、夢を目指している人です。

夢を実現した人に、それ以上のガンバリはありません。

夢を目指している人のほうが、よっぽどガンバっています。

山の頂上にいる人より、山を目指している人のほうがガンバっているのと同じです。

本人としては、「自分はまだできていないのに、あの人はできている。あの

壁に貼りたい言葉

23

目指す夢を持とう。

人のほうがカッコよくて、自分はカッコ悪い」と思います。これは逆です。

夢を実現している人も、

①「オレはこんなことを実現した」と言う人

②「今度こんなことをしようと思っている」と言う人

という2通りに分かれます。

カッコいいのは、次に何かをしようとしている人です。

1つの夢が実現したら、すぐに次の夢を実現しようとしているのです。

その人は夢を目指している人です。

永遠に夢を目指している人のほうが、カッコいいのです。

24

ガンバることに、照れない。ガンバることは、カッコいい。

「ガンバることはみっともない」と、ガンバることを照れてしまうことがあります。これは、どういう集団に属するかで分かれます。

「ガンバること」「一生懸命《いっしょうけんめい》」「努力」をほめ合える集団にいるか、「ガンバることはみっともない」と、足を引っ張る集団にいるかです。

いい学校はガンバることがカッコいい集団です。

いい成績をとることがカッコいいのではありません。

友達が夢に向かってコツコツガンバっているのを見て「カッコいいな」と思

う人は、ガンバることを「カッコいい」と感じる集団にいます。「みっともないな」と思う人は、努力することを照れる集団にいるのです。

どちらを選ぶかは、自分自身です。

進学校の生徒がいい学校に行けるのは、みんなが競争し合うからではありません。**お互《たが》いの努力をたたえ合える集団、努力することがカッコいい集団にいるから**です。これは大人になっても同じです。

芸能で売れる人は、努力することをカッコいいと思っている人です。

ルックスはいいのに売れない人は、努力することを照れています。

努力することを「カッコいい」と感じられる人になることが大切なのです。

壁に貼りたい言葉

24

ひやかされても、照れずにしよう。

25

人目につかない練習が、一番上達する。

「こんなにガンバって練習しているのに、誰も見てくれない」と言う人がいます。

人目につかない練習が一番カッコいいのです。

なおかつ、それが一番上達します。

人が見ている練習は、あまり上達しないのです。

人目につかない練習には、

① カッコいい

② 上達する

③ 意外と見られている

という3つの利点があります。

人目につく練習は、本人が思っているほどには見られていないのです。

「練習しない人」というイメージで売っている人は、みんなの目の届かないところでこっそり練習しています。

長嶋茂雄《ながしましげお》さんと王貞治《おうさだはる》さんは、どちらも現役《げんえき》時代は一流の野球選手です。

「天才の長嶋、努力の王」と言われていました。

長嶋さんは王さんに「努力家はいいよね。人前で練習できるもんな。自分は天才と呼ばれて、練習しなくてもできるイメージがついちゃったから大変だよ」というようなことを言っていました。

長嶋さんは旅館の中でフリーバッティングをしていました。

壁に貼りたい言葉

25

見えないところで、〝コソ練〟しよう。

鴨居《かもい》が穴だらけです。

ゴルファーは、試合に出ると、1日18ホールを4日連続でまわっています。

その合間を縫《ぬ》って練習です。

それが毎週です。

もはや練習ではなく、生活です。

練習と生活の区別がなくなるのが一番カッコいいのです。

生活自体が練習なのです。

26

言いわけをしないと、気づくチャンスをつかめる。

叱《しか》られた時の選択肢《せんたくし》は、２つあります。

言いわけをするか、言いわけをしないかです。

言いわけをすると、ひょっとしたら許してくれる可能性もあります。

でも、そこで気づくチャンスをなくします。

言いわけをしなければ、叱られたままです。

そのかわり、何か大切なことに気づくチャンスをつかめるのです。

人生では、**許してもらうことではなく、気づくことが大切**です。

気づくことは、自分が生きていく上で、大きな武器になります。

言いわけをして許されると、つい得をした気持ちになります。

ここで気づくチャンスを失います。

大きな損をしていることに気がつかないのです。

大人になっても言いわけをする人がいます。

言いわけは、まわりの人が損をするのではなく、自分が損をします。

言いわけをしている間は、気づけません。

脳が言いわけを考えるモードになっているので、目の前にチャンスが転がってきても、ずっと言いわけを続けています。

言いわけ以外のことが考えられない脳になっているからです。

素敵《すてき》な人が目の前にあらわれても、きれいな夕焼けが目の前に広がっても、言いわけをしている間は気づけないのです。

壁に貼りたい言葉

26

言いわけより、気づこう。

言いわけをしない人は、カッコいいです。

言いわけがつかないものは、1つもありません。

遅刻《ちこく》でも朝寝坊《あさねぼう》でも、言いわけをしようと思えば無限に言いわけができます。

だからこそ、言いわけによって失うものが大きいのです。

27

まわりから浮《う》いている人間が、ヒーローだ。

「自分はどうも友達から浮いているような気がする」という疎外《そがい》感と孤独《こどく》感を感じる時があります。

浮いていていいのです。なじむ必要は、まったくありません。

ドラマでもなんでも、浮いている人がヒーローです。

むしろ浮いていたほうがいいのです。

なじもう、なじもうと努力をしすぎないことです。

みんなと同じであるとか、みんなと友達である必要はありません。

壁に貼りたい言葉

27

みんなから、浮こう。

みんなと違《ちが》うことをおそれなくていいのです。

むしろ違うことに喜びを感じます。

そうすれば、違うことをする友達がいた時に、その違いを評価できます。

浮くことをおそれる人は、誰かが浮くことに対して批判的です。

ヒーローは自分が浮くこともおそれず、他人が浮くことに対しても好意的に受けとめます。**違うことは、すばらしいことです。**

それがヒーローの大切な条件です。みんなと違うところがあるなら、「自分はヒーローなんだ」と自信を持てばいいのです。

28

したいことは、自分で決める。

「自分のことを自分でする」という時に、たとえば、服は誰でも自分で買いたいです。

親がチャンスを奪《うば》っています。

「そんなことをしているヒマがあったら、勉強しなさい」と言うのです。

自分のしたいことをするためには、他人のせいにしないで、自分でスキ間時間を編み出します。

「ここに秘密基地をつくりなさい」ということは、誰も言いません。

秘密でつくるから、秘密基地です。
場所は自分たちで見つけます。
ルールもみずからつくります。
秘密基地は、親にとっては価値のないものです。
ただの遊びにしか感じられません。
でも、子どもにとっては本気です。
親から勧《すす》められることを待つのではなく、自分のしたいことは自分で決めるのです。

壁に貼りたい言葉

28

人に決めてもらうより、自分で決めよう。

29

「向いていない」と言われたことが、好きなことだ。

何かしたいことがあった時に、友達や親や先生から「それは君には向いていない」と言われることがあります。

「向いていない」と言われたことが、君の一番好きなことです。

自信を持っていいのです。

世の中で、自分の夢を実現して、天才の道を歩んでいる人でも、子どもの時に「向いていない」と言われています。

「向いている」と言われることは、そんなに大成しません。

「向いていない」と言われたことのほうが、楽しいし、こっそりできます。

自分の興味でできるのです。

好きでないことは、「向いていない」と言われても落ち込《こ》みません。

そもそもそんなことを言われたことも忘れてしまいます。

「向いていないと言われるんだけどな」と心に残っているのは、よほどこだわっているのです。

それが好きなことです。

好きなことに出会うコツは、「向いていない」と言われていることは何か、思い出せばいいのです。

思い出せないのは、好きなことが向いていることだからです。

それはラッキーです。

絵の好きな人が「絵は向いていない」と言われると、ショックです。

壁に貼りたい言葉

29

「向いていない」と言われた好きなことを、しよう。

そもそも絵が嫌《きら》いな人は「向いていない」と言われても楽勝です。

「向いていないと言われた」ということすら忘れてしまいます。

したいことなのに「向いていない」と言われることは、それで大成功するという予言なのです。

30

努力より、工夫《くふう》をする。

「私、こんなにガンバっているのに」と言う人は、努力をしています。

そういう人は、結果が思ったとおりにいかないと、「こんなにガンバったのにできないから、もうやめた」となります。

それでは続きません。

大切なのは、うまくいかなくても、「ここをもう少しこうすればよかったんだな」と工夫をすることです。

そうすれば、また続きます。

夢を実現している人は、必死でガシガシガンバっている人ではありません。

淡々《たんたん》と工夫を続けている人です。

1つの工夫でうまくいくわけではありません。

努力は、1回やってうまくいかないと、「努力してもダメだからあきらめよう」となりがちです。

工夫は、1回やってうまくいかなくても、「じゃあこうしてみよう」と、次の工夫につながります。

工夫は永遠につながり、無理な努力はあるところでポキッと折れるのです。

「努力しろ、努力しろ」とよく言われます。

努力よりも、工夫です。

夢を実現している人は、人より努力した人ではありません。

人より工夫の数が多かった人です。

努力は「１００」でしようとします。
工夫は「１」の工夫を「１００個」すればよいのです。
みんなが言うことの逆に真理があるのです。

壁に貼りたい言葉

30

工夫してうまくいかない時は、次の工夫をしよう。

31

誰かのためにしなくていい。

試験や試合に臨《のぞ》む時に、つい誰かのためにガンバろうとします。

お母さんや先生を喜ばせたいのです。

それではますます緊張《きんちょう》が強くなります。

「誰かのために」するというよりも、誰かを思って感謝すればいいのです。

感謝すると、人は緊張しなくなります。

「親のため、先生のためにガンバらねばならない」という気持ちになると、緊張度が増します。

「うまくいかなければ、大失態を演じることになる」と考えるからです。
自分自身に、必要以上のプレッシャーをかけています。
感謝する時、人の心はリラックスします。
チャンスを与《あた》えてもらって、ありがたい。
勉強させてもらって、ありがたい。
練習させてもらって、ありがたい。
発表の機会を与えてもらって、ありがたい。
試合に出させてもらって、ありがたい。
あの人がいたおかげで、辞《や》めないで続けることができた、ありがたい。
どんなことにも感謝はできます。
感謝していると、人間の心はどんどんリラックスしていきます。
リラックスすることで、いつもどおりできるようになります。

ここ一番の試験や試合で緊張すると、いつもどおりの力が発揮できません。
これが負ける原因です。
勝てる人は、いつもの練習どおりの力が発揮できます。
「リラックス」と「緊張」の中間の「ゾーン」をつくり出しているのです。
ほとんどの人が「緊張」に偏《かたよ》っています。
ヤル気が起こらない人はいません。
ヤル気が起こりすぎている状態を、どうリラックスさせるかです。
完全なリラックスにはなりません。
感謝することで、ちょうどいいところにおさまるようになっているのです。

壁に貼りたい言葉

31

ほめられようとするより、感謝しよう。

第5章

君のがんばりを見てくれている人がいる。

32

勉強すると、時間が増える。

「もっと好きなことをしたり、友達と遊びたい。勉強している時間がもったいない」と言う人がいます。

それは逆です。

勉強すると、時間が増えるのです。

大昔の偉《えら》い数学者が、速く計算できる方法を編み出しました。

それを教えてくれるのが勉強です。

勉強すると、時間が短縮できるのです。

壁に貼りたい言葉

32

忙《いそが》しい時ほど、勉強しよう。

時間が短縮できれば、余った時間で好きなことができます。
勉強すればするほど、好きなことをする時間が増えます。
時間を増やすために勉強しているのです。
「時間がないから勉強しない」とか「もっと友達と遊びたいから勉強しない」
というのは逆です。
友達と遊びたいなら、もっと勉強して遊ぶ時間をつくることです。
そのために、いろいろな方程式を覚えていくのです。
天才がつくった方程式がなければ、計算に時間がかかります。
勉強することで、人生を楽しむ余裕《よゆう》が生まれてくるのです。

33

トイレットペーパーを交換《こうかん》する人に、神様は味方する。

トイレットペーパーが自分の番で切れることがあります。
自分が入った時に、カラの時もあります。
家のトイレなら、自分でつけかえます。
神様は、トイレットペーパーを交換する人を応援《おうえん》します。
自分の時に使い切ってなくなったら、交換するチャンスです。
自分で交換すると、次の人はトイレットペーパーがある状態から使えます。
自分で交換しないと、次の人が交換します。

すると、神様から応援してもらえるチャンスは次の人に行きます。

これはもったいないです。

交換しないで出てきたら、ラッキーを逃《のが》すのです。

トイレットペーパーは、シングルで60メートルです。

1人が1回に使う平均の長さは1メートル33センチです。

ということは、トイレットペーパーが切れる確率は約45分の1で、2％です。

クラスに1人のラッキーに出会っているのに、そのチャンスに交換しない手はないのです。

家で45回トイレに入ったとして、自分が交換する回数を考えてみてください。

45分の1よりも少なければ、君はチャンスを逃しています。

壁に貼りたい言葉

33

トイレットペーパーを、交換しよう。

実際には、みんなに平均にチャンスがあるわけではありません。

この原理がわかっている人は、常に交換しています。

よく交換する人と、めったに交換しない人とに分かれるのです。

45分の1は、宝くじの当選率と比べてかなり高い確率です。

自分はそんなにやっていないと思う人は、誰《だれ》かにチャンスを取られています。

せっかくの運を逃しているのです。

34

靴《くつ》のカカトを踏《ふ》まないことで、スポーツ万《ばん》能《のう》になれる。

スポーツ万能になりたければ、靴のカカトを踏まないことです。

シューズの履《は》きかえは、たしかにめんどくさいです。

ユニフォームに着がえて、靴を履きかえる時に、靴のカカトを踏まないことで、その人は一流選手になれます。

1回カカトを踏むと、靴としては弱くなります。

サッカーで、いざシュートを打つ時にバランスが崩《くず》れます。

カカトはそれぐらい大切な部分です。

カカトを踏むと、足をホールドできなくなります。

カカトが体の一部にならないのです。

カカトを踏まないためには、ひも靴《ぐつ》を履いたほうがいいのです。

スポーツ選手は、靴ひもを締《し》める作業の中で、集中のスイッチが入ります。

ひもをほどくことによって、スイッチをオフにできます。

スポーツシューズは、足にぴったりフィットさせるために、大体ひも靴になっています。

「私、運動神経が鈍《にぶ》いんです」と言う人は、スイッチの入れ方を知らないだけです。

スイッチがどこにあるか、わからなくなっているのです。

リモコンがどこかに行って、エアコンをつけられない状態と同じです。

運動神経は遺伝とは関係ありません。

自分に「今、これから運動するぞ」というスイッチを入れればいいのです。
その1つが靴をちゃんと履くことです。
カカトを踏むと、運動のスイッチは切れてしまうのです。

壁に貼りたい言葉

34

靴のカカトを、踏まない。

35

審《しん》判《ぱん》に文句を言わない選手に、ファンは感動する。

スポーツでは、審判の判定に納得《なっとく》がいかないことが起こります。

つい文句を言いたくなります。

スポーツで見たいのは、見ている人が応援したくなる、感動する、ファンになるようなプレーです。

もちろん技術的にうまいプレーも見たいです。

それ以上に、審判の紛《まぎ》らわしい判定に対して文句を言わない選手を見たいのです。

たとえば、テニスで「アウト」と言われた時に、「今のは入っていたんじゃないか」と言い続ける姿を見たい人はいません。

文句を言わずに判定を受けとめる選手には、「今の入ってたよね」「この選手に勝たせてあげたいね」と、応援したくなります。

勝つ姿をみんなに見てもらいたがる人は、勝負のかかった1球で、必死に審判に食い下がります。

それを見て、「あの人は一生懸命《いっしょうけんめい》ガンバっている」とは思わないのです。

審判がミスジャッジをした瞬間《しゅんかん》は、チャンスです。

見ている人や神様が応援したくなる人になれるかどうかです。

選ぶのは自分です。不運は選べなくても、不運に接する態度は選べます。

ここにチャンスがあります。

スポーツには運がつきものです。

運の悪いことも起こります。
たとえば、今はジュニアでゴルフをやっている子がいます。
ゴルフは風向きひとつで変わります。
ちゃんと打ったのに、風が吹《ふ》いたらOBになります。
しくじったのに、風に助けられてフェアウェーに落ちることもあります。
運が悪かった時に「チェッ」と思う人には、ファンも神様も応援しなくなります。
不運なことが起こるのは、運がいいのです。
不運なことが相手に起こった時に、「しめしめ」と思わないことです。
不運なことが君だけに起こるのは、君が選ばれているからです。
ここが君の態度の見せどころなのです。

壁に貼りたい言葉

35

審判に、文句を言わない。

36

「能力＋信じる力」で、決まる。

夢を達成するための計算式は「能力＋信じる力」です。
自分に能力が足りなければ、信じる力で補えばいいのです。
能力が10点満点の人は、それで夢を達成できます。
能力が2しかない人は、信じる力が8あれば、合計10になります。
信じる力だけは人に負けないようにします。
「信じる力」というオマケの力が大きいのです。
どんなに才能がある人でも、10の能力のある人はなかなかいません。

実は、能力の差はそんなにないのです。

本人の中では「自分はすごく能力がある」と思っていても、ある人で3、ない人で2ぐらいです。

信じる力は、ゼロから10まであります。

信じる力の差のほうが圧倒的《あっとうてき》に大きいのです。

はたから見ると、夢を実現している人は才能があるように見えます。

その人は、能力も、もちろんあります。

実際には、それ以上に信じる力が強いのです。

「信じる力」は、わけもわからない、**なんの証明も根拠《こんきょ》もないことを信じる力**です。

みんなに反対される。

何が起こるかわからない。

壁に貼りたい言葉

36

能力で負けても、信じる力で勝とう。

どうなるかわからない。
先が見えない。
想像がつかない。
想定外のことが起こる。
それでもするのが「信じる力」なのです。

37

強い相手と戦うことで、強くなる。

スポーツでトーナメントの抽選会《ちゅうせんかい》があります。
「できるだけ弱いところと当たりたい」と、つい考えがちです。
1回戦で、部ができて1年目のチームとたまたま当たります。
人数もギリギリいっぱいです。
ひょっとしたら、部員以外の人まで選手として集めています。
ユニフォームもそろっていません。
そんなチームと戦って勝っても、次の試合では必ず負けます。

「弱いチームと当たりたい」という気持ちの持ちようで、すでに負けているのです。

チームは戦っている相手と同じレベルになります。

弱いチームと戦っていると、もともと強いチームでも弱くなります。

強いチームと戦っていると、もともと弱いチームでも強くなります。

弱いチームと当たると、つい「ラッキー」と思います。

そんなチームに負けたら、その後の気持ちが立て直せなくなります。

時々、そういうことが起こります。

勝てる相手に負けたことで、再起不能になるのです。

相手が強いチームなら、負けても仕方がないと思えます。

サッカーで、ブラジル対タヒチなら、みんなタヒチを応援します。

タヒチのパスが1つ通るだけで、大歓声《だいかんせい》です。

強い相手と当たるとラクなのです。
負けて当たり前なので、思い切って行けます。負けても引き分けです。
万が一、勝ったら大勝利です。「引き分け」か「勝ち」しかないのです。
しんどいのは相手です。
「格下の相手に負けたらどうしよう」というプレッシャーがあります。
それも弱いチームにとっては有利な条件です。
スポーツの試合において、プレッシャーは大きな要素です。
プレッシャーがかかると、いつもの力は発揮できないのです。
くじ引きは、優勝候補やベスト4の常連校を引くつもりで臨《のぞ》みます。
スポーツマンガのヒーローは、1回戦から強豪《きょうごう》と当たります。
ヒーローが最初から弱いチームと当たると、ドラマになりません。
初戦から、いきなり事実上の決勝戦になるのです。

壁に貼りたい言葉

37

強い相手と、戦おう。

38

弱い相手を選ぶのは、弱い自分を選ぶこと。

サッカーの本田圭佑《けいすけ》選手は、石川県の星稜《せいりょう》高校出身です。

高校サッカー全国大会のくじ引きでは、番号が書いてあるピンポン玉を箱から引きました。

本田選手は優勝候補と当たりたかったそうです。

数字の書かれたピンポン玉を引く時に、優勝候補の滝川《たきがわ》第二高校の番号が見えました。

誰もが避《さ》けたい相手です。

見えて、なおかつ取るのが、本田選手です。

普通《ふつう》は、見えたら「ラッキー」と思って、よけたくなります。

それをあえて引いたのです。

優勝候補と当たると、ギャラリーが増えます。

優勝候補を見に来るのです。

そこでみんなに見てもらえるチャンスが生まれます。

スカウトのチャンスもあります。

優勝候補を接戦まで追い込《こ》んだだけで、「善戦」と書かれてニュースになるのです。

勉強において、志望校のレベルを上げていくのと同じです。

選択《せんたく》問題で簡単な問題とむずかしい問題があったら、むずかしい問題をあえて選びます。

壁に貼りたい言葉

38

弱そうな相手を、探さない。

目の前に出される問題は、「強い相手と弱い相手がいますが、あなたはどちらを選びますか」という提示の仕方をされます。

どちらを選んでもいいのです。

ただし、弱い相手を選んだら、結果として弱い自分を選ぶことになるのです。

39

君のガンバリを見てくれている人がいる。

「ガンバっているのに、誰も見てくれていない」と不安に思うことがあります。

勉強でも、スポーツでも、習いごとでも、家の手伝いでもこれが起こります。

本当に見てくれている人は黙《だま》っているのです。

一番見ていて欲《ほ》しい人は、必ず見てくれています。

その人は、君がコツコツガンバっていること、しなくてもいいのにしていることを見てくれています。

親切は、人が見ていないところでします。

メリットがなければ親切にしないというのは、おかしいです。

気くばりにしても、マナーにしても、人が見ていないところでどれだけできるかです。

「私はこんなに気くばりしています」というのが見えた時点で、すでに気くばりが足りません。

何もしていないように見えて、見えないところで見えないようにするのが、ワンステップ上の技です。

本当にガンバっている人は、「ガンバっていません」という顔をしています。

それにだまされると、「あの人はガンバっていなくても、テストであれだけいい成績をとっている。だから、自分もガンバらなくていい」ということになります。

見えないところでガンバって人前ではガンバっていない人と、見えないところでも人前でもガンバらない人とでは、どんどん差がついていきます。

「あの人は頭がいいから」と言いがちですが、それは違《ちが》うのです。

「どうせ誰も見てくれていない」と感じる時ほど、一番見てくれているのです。

壁に貼りたい言葉

39

見られていない時こそ、カッコよくしよう。

40

あとがき

ため息をつく時、夢が実現する一歩手前にいる。

ため息をつきたくなる時は、ため息をついていいのです。

そのため息は、夢が実現する一歩手前のところにいるからです。

ため息は、遠いところではなく、「惜《お》しい」というところで出るのです。

「ああ、あと一歩だったのに」というのは、成功の一歩手前です。

ため息をついた瞬間《しゅんかん》は、チャンスです。

山で言えば、9合目まで来ているのです。

普通《ふつう》は「ため息をついてはいけない」と教えられます。

「ハアー、なんでこんなところで」とため息をついた時は、「今ため息が出たということは、すぐ近くまで来ているぞ」と考える1つの目印になります。

ため息自体にもネガティブな感情を持つ必要はありません。

ため息が悪いのではありません。

ため息をついている自分を責めるのがよくないのです。

「ため息をついている自分はダメな人間なんじゃないか」と思いがちです。

「ため息をつくと、よくないものを引き寄せる」とも言われます。

悪い呪文《じゅもん》を自分にかけているのです。

ため息が出たら、「一歩手前だ。惜しかった」と考えます。

常に「あと一歩だった」と考えられる人は、続けることができるのです。

壁に貼りたい言葉

40

どうせつくなら、でっかいため息をつこう。

〈著者紹介〉

中谷彰宏（なかたに　あきひろ）

1959年、大阪府生まれ。大阪府立三国丘高校、早稲田大学第一文学部演劇科卒業。博報堂に入社し、８年間のＣＭプランナーを経て、91年に独立し、株式会社中谷彰宏事務所を設立。人生論、ビジネスから恋愛エッセイ、小説まで、多くのロングセラー、ベストセラーを世に送り出す。全国でワークショップ、講演活動を行っている。

※本の感想など、どんなことでも、お手紙を楽しみにしています。
他の人に読まれることはありません。**僕は、本気で読みます。**

中谷彰宏

〒135-8137　江東区豊洲5-6-52
株式会社ＰＨＰ研究所　児童書局　出版部気付　中谷彰宏　行
＊食品、現金、切手等の同封は、ご遠慮ください。（児童書局　出版部）
【中谷彰宏　ホームページ】　http://www.an-web.com/

YA心の友だちシリーズ

中学時代にガンバれる40の言葉

2015年７月29日　第１版第１刷発行
2017年２月20日　第１版第３刷発行

著　者　中谷彰宏
発行者　山崎　至
発行所　株式会社ＰＨＰ研究所
東京本部　〒135-8137　江東区豊洲5-6-52
児童書局　出版部　☎03-3520-9635（編集）
普及部　☎03-3520-9634（販売）
京都本部　〒601-8411　京都市南区西九条北ノ内町11
PHP INTERFACE　http://www.php.co.jp/

制作協力
組　版　株式会社ＰＨＰエディターズ・グループ
印刷所　共同印刷株式会社
製本所　東京美術紙工協業組合

ISBN978-4-569-78481-6

NDC159 125p 20cm